2

CAVALLERIA RUSTICANA
MELODRAMMA VERISTA

LIBRETTO DI GIOVANNI TARGIONI-TOZZETTI E GUIDO MENASCI
MUSICA DI PIETRO MASCAGNI

a cura di Paolo E. Balboni

BONACCI EDITORE

1ª ristampa della 1ª edizione

Printed in Italy

Bonacci editore srl
Via Paolo Mercuri, 8
00193 ROMA (Italia)
tel:(++39)06.68.30.00.04
fax:(++39)06.68.80.63.82
e-mail: info@bonacci.it
http://www.bonacci.i

© Bonacci editore, Roma 1995
ISBN 88-7573-303-1

Cavalleria rusticana: da Verga a Mascagni

Giovanni Verga, il grande maestro del verismo italiano, pubblica una drammatica novella dal titolo provocatorio, *Cavalleria Rusticana*, in una raccolta del 1880.

Quattro anni dopo, nel 1884, la versione teatrale della novella raccoglie un notevole successo nell'interpretazione della più grande attrice italiana del tempo, Eleonora Duse.

Nel 1889 l'editore musicale Sonzogno (il grande rivale di Ricordi, che aveva la proprietà di quasi tutto il teatro d'opera italiano dell'Ottocento) bandisce un concorso per un atto unico e Mascagni decide di partecipare.

Pietro Mascagni ha 26 anni; ha lasciato da qualche anno il Conservatorio di Milano per andare a dirigere orchestre d'operetta e, nel 1889, è direttore della banda municipale di Cerignola, fuori Roma.

Di umili origini, Mascagni è interessato al verismo e incarica un suo amico toscano, Giovanni Targioni-Tozzetti (che alla conclusione del lavoro avrà la collaborazione di Guido Menasci), di trarre un libretto d'opera dalla novella verghiana e dalla seguente riduzione teatrale.

L'operazione è difficile perché il teatro d'opera ha ancora una serie di regole rigide: si deve aprire con un coro, non si può mettere in scena uno sgozzamento, i ruoli drammatici e quelli lirici (ad esempio, la divisione tra basso, tenore, baritono, soprano e contralto) devono essere accoppiati secondo regole ben diverse da quelle della narrativa verista...

Comunque l'operazione riesce, e Pietro Mascagni costringe i librettisti a piegare il testo alle sue esigenze musicali.

L'atto unico vince il concorso, viene rappresentato nel 1890 a Roma e inizia un successo che non l'abbandonerà mai per tutto il secolo seguente.

In pochi anni *Cavalleria Rusticana* diviene un successo mondiale, partendo da Madrid per approdare, entusiasticamente, a Parigi, Budapest, Vienna, fino all'America del Nord e del Sud, dove il verismo musicale (in realtà molto legato ancora alla lezione di Verdi) e soprattutto quello del libretto risultano sconvolgenti per una società che va all'opera per avere favole strappalacrime ambientate nella vecchia Europa.

Cavalleria Rusticana è spesso accompagnata ad un altro atto unico, *Pagliacci,* di Leoncavallo. Ed entrambi vengono definiti «melodrammi veristi». Ma cosa c'è di verista nell'opera di Mascagni?

La musica è «verista» nel suo far buon uso di generi popolari (ad esempio lo stornello di Lola, nella scena centrale dell'opera) e di temi che *potrebbero* essere popolari, ma non lo sono certo.

Ma è in realtà il libretto a meritare l'aggettivo «verista». Ciò riguarda sia la trama sia la lingua.

Quanto alla storia, l'opera si discosta in buona parte dal testo di Verga (che è riprodotto alla fine di questo volume).

Nella novella Turiddu è una sorta di eroe popolare, assai meno gretto ed aggressivo che nel libretto; inoltre, il suo amore per Lola non scompare mai: se finge di corteggiare Santuzza è solo per fare ingelosire Lola, che abita di fronte a Santuzza. Quest'ultima è la vera dominatrice dell'opera, mentre è appena una figura di contorno nella novella di Verga, dove inoltre non c'è traccia della scena del brindisi (che è una dichiarata citazione dalla *Traviata:* là il brindisi è aristocratico, qui invece abbiamo un brindisi popolano).

Ma la grande differenza tra i due testi sta soprattutto nel fatto che in Mascagni il realismo verghiano si trasforma in un rituale. *Cavalleria Rusticana* è costruita come una tragedia greca: il pathos, la sofferenza dello spettatore non derivano tanto dalla triste sorte del protagonista (che poi è un vanitoso, infedele in amore, bugiardo e aggressivo), ma vengono dal vedere come il protagonista sia trascinato dal destino verso una fine che non può evitare, che gli è ignota - e che invece lo spettatore intuisce perfettamente.

Anche la lingua dei due testi differisce. Il testo verghiano è pieno di termini siciliani, di modi di dire; quello di Targioni-Tozzetti ha un'introduzione in dialetto siciliano stretto (che fu un colpo terribile per i primi spettatori) e poi si limita a poche parole regionali, affidando il senso di «verismo» alla situazione e in particolare alla violenza psicologica della scena della sfida durante il brindisi.

In conclusione, dunque, quella di Verga e quella di Mascagni sono due opere molto simili nella prospettiva di una storia della cultura italiana, ma molto diverse in quanto testi linguistici e teatrali.

Paolo E. Balboni

PRELUDIO

LA VICENDA SI SVOLGE IN UN PAESE DELLA SICILIA,
IL GIORNO DI PASQUA.

PRELUDIO

SICILIANA

Questo testo è in dialetto siciliano, per cui non si presentano note lessicali specifiche.

Va comunque notata la forza rivoluzionaria della scelta di usare il dialetto, che neppure Verga aveva utilizzato nella novella.

TURIDDU
(a sipario calato)

O Lola ch'hai di latti la cammisa

Si bianca e russa comu la cirasa,
Quannu t'affacci fai la vucca a risa,
Biato cui ti dà lu primu vasu!

5 Ntra la porta tua lu sangu è sparsu,
Ma nun me mporta si ce moru accisu...
E s'iddu muoru e vaju'n paradisu
Si nun ce truovo a ttia, mancu ce trasu.
[Ah!

LA STORIA SI SVOLGE IN UN PAESE DELLA SICILIA,
IL GIORNO DI PASQUA.

PRELUDIO

CANZONE SICILIANA

TURIDDU
(da dietro il sipario)
O Lola, che hai la camicia da notte bianca
[come il latte,
Sei bianca e rossa come una ciliegia,
Quando vieni alla finestra la tua bocca sorride,
Beato chi ti darà il primo bacio!

Sulla tua porta il sangue è sparso,
Ma non m'interessa se ci muoio ucciso...
E se muoio e vado in paradiso
Se non ti trovo là non ci entro neppure. Ah!

Questa «introdu-
zione» cantata fuori
scena serve a crea-
re una sensazione
di conflitto: il sem-
plice accompagna-
mento d'arpa con-
trasta con il «fortis-
simo» orchestrale
precedente e con
quello che seguirà;
inoltre si contrappo-
ne, con la sua raffi-
nata eleganza, alla
violenza del dialetto.

5. Il verso introduce
il tema del sangue,
quasi un rituale pa-
squale che, nel ver-
so seguente, antici
pa l'uccisione del
protagonista.

7

ATTO UNICO

CORO D'INTRODUZIONE

«Giocoso»: termine musicale raro. Indica un allegro «sostenuto».

5. «Mirti»: il mirto è un tipico arbusto delle regioni mediterranee; ha un aspetto sacrale, perché diviene aromatico proprio in primavera e viene usato per insaporire la carne dell'agnello pasquale.

13. «Spole»: piccoli strumenti di legno che portano il filo in un telaio. La tessitura era affidata alle donne.

Una piazza nel paese. Nel fondo, a destra, chiesa con porta praticabile. A sinistra l'osteria e la casa di Mamma Lucia. La scena sul principio è vuota. Albeggia.

CORO D'INTRODUZIONE

CORO
(Allegro giocoso)

CORO
(di dentro)
Ah!

DONNE
(di dentro)
Gli aranci olezzano
Sui verdi margini,
Cantan le allodole
5   Tra i mirti in fior;
Tempo è si mormori
Da ognuno il tenero
Canto che i palpiti
Raddoppia al cor.

(Le donne entrano in scena.)

UOMINI
(di dentro)
10   In mezzo al campo
Tra le spiche d'oro
Giunge il rumor
Delle vostre spole,
Noi stanchi
15   Riposando dal lavoro
A voi pensiam,

Una piazza nel paese. Nel fondo, a destra, la chiesa, con la porta da cui si può entrare e uscire. A sinistra l'osteria e la casa di Mamma Lucia. La scena all'inizio è vuota. È l'alba, l'inizio del giorno.

CORO DI INTRODUZIONE

CORO
(Allegro giocoso)

CORO
(Fuori dal palcoscenico)
Ah!

DONNE
(Fuori dal palcoscenico)
Gli alberi d'arancio profumano
Sulle colline verdi,
Le allodole cantano
Tra i mirti in fiore;
È l'ora giusta perché ogni persona
Canti sottovoce la dolce
Canzone che fa raddoppiare
I battiti del cuore.

(Le donne entrano in scena)

UOMINI
(Fuori dal palcoscenico)
In mezzo ai campi
tra le spighe dorate
Arriva il rumore
delle spole [con cui lavorate al telaio],
Noi siamo stanchi
E mentre ci riposiamo [dalla fatica] del lavoro
Pensiamo a voi,

CORO

L'uso del coro come introduzione per creare l'ambiente è una delle «regole canoniche» del melodramma.

1. Il coro, così come la prima «Canzone», inizia fuori scena creando un effetto di suspence.

2. Tutti i testi dei cori nella *Cavalleria* sono molto retorici, usano una lingua alta, in netto contrasto con la semplice chiarezza dei dialoghi tra i personaggi.

10. Questa strofa dimostra chiaramente la divisione dei ruoli sociali nella cultura contadina siciliana.

O belle occhi-di-sole.
A voi corriamo,
Come vola l'augello
20   Al suo richiamo.

(Gli uomini entrano in scena.)

DONNE
Cessin le rustiche
Opre: la Vergine
Serena allietasi
Del Salvator;
25   Tempo è si mormori
Da ognuno il tenero
Canto che i palpiti
Raddoppia al cor.

UOMINI
In mezzo al campo ecc.

DONNE
30   Gli aranci olezzano ecc.

(Il coro attraversa la scena ed esce.)

SCENA I

Santuzza e Lucia
(Largo)

SANTUZZA
(entrando)
Dite, mamma Lucia...

LUCIA
(sorpresa)
Sei tu? Che vuoi?

19. «Augello»: parola arcaica per «uccello». Tutto il testo contiene parole arcaiche.

22. «Opre»: opere, lavori.

SCENA I

1. «Dite»: è la seconda persona plurale, usata come forma di cortesia nell'italiano tradizionale. Anche nella parafrasi la seconda persona plurale verrà usata al posto della forma moderna «lei». Lucia dà del «tu» a Santuzza.

1. «Mamma»: termine di rispetto per indicare la (futura) suocera.

O belle con gli occhi di sole.
Corriamo verso di voi,
Come corre un uccello
Al richiamo del suo padrone.

(Gli uomini entrano in scena).

DONNE
Ora bisogna che finiscano
I lavori della campagna: la Madonna
Tranquilla è contenta
Per Gesù, che è il Salvatore;
È l'ora giusta perché ogni persona
Canti sottovoce la dolce
Canzone che fa raddoppiare
I battiti del cuore.

UOMINI
In mezzo ai campi...
(ecc. versi 10-20)

DONNE
Gli alberi d'arancio profumano...
(ecc. versi 2-9)

(Il coro attraversa il palco ed esce).

SCENA PRIMA

Santuzza e Lucia
(Largo)

SANTUZZA
(Entrando)
Mi dica, mamma Lucia...

LUCIA
(sorpresa)
Sei tu? Che cosa vuoi?

19. L'immagine è tratta dalla falconeria, cioè dalla caccia con il falco, importata dai Normanni durante i secoli di loro dominio sulla Sicilia.

SCENA PRIMA

In contrasto con la serenità del testo e della musica del coro, i violoncelli introducono questa scena in controtempo con i violini e anticipano il conflitto tra la vecchia Lucia e la giovane Santuzza.

11. Gesù indicò a Maddalena e alle altre donne piangenti dove potevano trovare il Sepolcro.

14. «Francofonte»: grosso paese in provincia di Siracusa, il che pone l'azione sulla costa orientale della Sicilia.

16. «Alta»: dal latino «altus» che significa «profondo».

SANTUZZA
Turiddu ov'è?

LUCIA
Fin qui vieni a cercare
5 Il figlio mio?

SANTUZZA
Voglio saper soltanto,
Perdonatemi voi, dove trovarlo.

LUCIA
Non lo so, non lo so,
Non voglio brighe!

SANTUZZA
10 Mamma Lucia, vi supplico piangendo,
Fate come il Signore a Maddalena,
Ditemi per pietà dov'è Turiddu...

LUCIA
È andato per il vino
A Francofonte.

SANTUZZA
15 No! l'han visto in paese
Ad alta notte.

LUCIA
Che dici?
Se non è tornato a casa!
(avviandosi verso l'uscio di casa) Entra!

SANTUZZA (disperata)
20 Non posso entrare in casa vostra.
Sono scomunicata!

LUCIA
E che ne sai
Del mio figliolo?

SANTUZZA
Dov'è Turiddu?

LUCIA
Vieni a cercare
mio figlio fin qui?

SANTUZZA
Voglio soltanto sapere,
scusatemi, dove lo posso trovare.

LUCIA
Non lo so, non lo so.
Non voglio problemi!

SANTUZZA
Mamma Lucia, ve lo chiedo piangendo,
Siate buona come Gesù con Maddalena,
Ditemi per pietà dov'è Turiddu...

LUCIA
È andato a prendere il vino
A Francofonte.

SANTUZZA
No! L'hanno visto qui in paese
durante la notte.

LUCIA
Che cosa dici?
Non è tornato a casa!
(si muove verso la porta di casa) *Entra!*

SANTUZZA (disperata)
Non posso entrare in casa vostra.
Sono scomunicata!

LUCIA
E allora che cosa sai
di mio figlio?

4-5. Lucia è, per tutta l'opera, insieme aggressiva e sulla difensiva.

9. Quali «brighe» possono seguire alla domanda? Il testo introduce un altro elemento di suspence.

15-16. La nota unica su cui vengono cantati questi due versi ne sottolinea il ruolo di climax.

21. Si scopre il dramma personale di Santuzza, che confessa di essere l'amante di Turiddu sebbene non siano ancora sposati.

SANTUZZA
Quale spina ho in core!

SORTITA DI ALFIO CON CORO

Alfio, Coro e dette

SORTITA

«Sortita»: prima
entrata in scena.

2. «Sonagli»: piccoli
campanelli, spesso
d'argento, attaccati
ai finimenti in cuoio
del cavallo.

3. «Schiocchi»: con-
giuntivo del verbo
«schioccare», che in-
dica il rumore secco
di una frusta.

ALFIO
Il cavallo scalpita
I sonagli squillano,
Schiocchi la frusta. Ehi là!
Soffi il vento gelido,
5 Cada l'acqua o nevichi,
A me cosa fa?

CORO
O che bel mestiere
Fare il carrettiere,
Andar di qua e di là!

ALFIO
10 Schiocchi la frusta!
M'aspetta a casa Lola
Che m'ama e mi consola,
Ch'è tutta fedeltà.
Il cavallo scalpiti,
15 I sonagli squillino,
È Pasqua, ed io son qua!

CORO
O che bel mestiere ecc.

ALFIO
Ehi là! Schiocchi la frusta!
Son qua!
20 O che bel mestiere ecc.
È Pasqua, ed io son qua!

SANTUZZA
Che spina mi sta pungendo il cuore!

SORTITA DI ALFIO CON CORO

Alfio, Coro e le donne già presenti in scena

ALFIO
Il cavallo ha voglia di correre,
suonano i suoi campanelli,
che la frusta dia il 'via'. Ehi voi!
Anche se soffia il vento più freddo,
anche se piove o nevica,
cosa me ne importa?

CORO
O che bel mestiere
fare trasporti con il mio carro,
andare di qua e di là!

ALFIO
Che la frusta dia il 'via'!
A casa c'è Lola che mi aspetta,
lei che mi ama e mi fa dimenticare le fatiche,
lei che mi è pienamente fedele.
Che il cavallo corra,
che i campanelli suonino,
è Pasqua e io sto arrivando!

SORTITA

Tutta la scena è «di maniera», nel senso che interrompe il conflitto e riporta in scena il coro, con un testo retorico il cui scopo è solo uno: informare che Alfio, marito di Lola, è spesso via e che quindi Turiddu ha la possibilità di ritrovarsi con il suo antico amore.

13. Questo verso, che da un lato può sembrare la caricatura del «cornuto» convinto della fedeltà della moglie, contrasta con la canzone iniziale di Turiddu.

SCENA II

1. «Compare»: forma di rispetto corrispondente a «Signor».

6. «Non so»: nella cultura tradizionale siciliana, corrisponde a un «no».

15. «Ite»: andate (basato sul latino «ire», cioè «andare»).

LUCIA
Beato voi, compar Alfio,
Che siete sempre allegro così!

ALFIO
Mamma Lucia,
N'avete ancora
5   Di quel vecchio vino?

LUCIA
Non so;
Turiddu è andato
A provvederne.

ALFIO
Se è sempre qui!
10   L'ho visto stamattina
Vicino a casa mia.

LUCIA
(sorpresa)
Come?

SANTUZZA
(rapidamente a Lucia)
Tacete.

(Dalla chiesa odesi intonare l'Alleluja)

ALFIO
Io me ne vado,
15   Ite voi altre in chiesa.
(Esce.)

CORO INTERNO
(dalla chiesa)
Regina coeli laetare.
Alleluja!

SCENA SECONDA E PREGHIERA

LUCIA
Siete fortunato, compare Alfio,
ad essere sempre così allegro!

ALFIO
Mamma Lucia!
Avete ancora un poco
di quel vino vecchio?

LUCIA
Non credo;
Turiddu è andato
a prenderne.

ALFIO
Non è possibile, è ancora qui in paese!
L'ho visto questa mattina
Vicino a casa mia.

LUCIA
(Sorpresa)
Come?

SANTUZZA
(Parlando veloce a Lucia)
State zitta.

(Dalla chiesa si sente il canto dell'Alleluja)

ALFIO
Io me ne vado,
andateci voi in chiesa.
(Esce)

CORO INTERNO
(Dalla chiesa)
Regina del Cielo sii felice
Alleluja!

SCENA SECONDA

Il breve dialogo tra Lucia e Alfio serve per raccordare i dati che lo spettatore ha avuto nelle scene precedenti.

9-11. Sono i versi centrali: mostrano che Alfio non sospetta, ma per Lucia (e per lo spettatore che ha le sue stesse informazioni) sono una pugnalata: è vero che Turiddu ha mentito e non è andato a Francofonte.

13. Santuzza, malgrado tutto, vuole proteggere Turiddu.

16. Si introduce il tema religioso che, con la sua dolcezza, crea un contrasto eccezionale dal punto di vista teatrale: la gente è serena, tutto è tranquillo, è giornata di festa, mentre il dramma vero si nasconde tra le battute dei personaggi.

Quia quem meruisti portare.

25. «Ei»: forma contratta di «egli».

25. «Avel»: forma contratta di «avello», antica parola che significa «tomba».

Alleluja!
20 Resurrexit sicut dixit.
Alleluja!

SANTUZZA, LUCIA E CORO ESTERNO
(sulla piazza)
Inneggiamo,
Il Signor non è morto,
Ei fulgente
Ha dischiuso l'avel,
Inneggiamo
Al Signore risorto,
Oggi asceso
Alla gloria del Ciel!

CORO INTERNO
(dalla chiesa)
30 Alleluja!

(Tutti entrano in chiesa tranne Santuzza e Lucia.)

ROMANZA E SCENA III

ROMANZA E SCENA III

6. «Fé»: forma contratta di «fede», cioè «fedeltà».

Lucia e Santuzza

LUCIA
Perché m'hai fatto
Segno di tacere?

SANTUZZA
Voi la sapete, o mamma,
Prima d'andar soldato,
5 Turiddu aveva a Lola
Eterna fé giurato.
Tornò, la seppe sposa;
E con un nuovo amore
Volle spegner la fiamma

18

perché colui che hai meritato di portare nel tuo
[petto
Alleluja!
risorge, così come aveva detto.
Alleluja!

SANTUZZA, LUCIA E CORO ESTERNO
(Sulla piazza)
Cantiamo un inno,
Gesù non è morto.
Splendente di gloria
ha aperto la sua tomba.
Cantiamo un inno
a Gesù, che non è morto,
oggi è salito
alla gloria del Cielo!

CORO INTERNO
(Dalla chiesa)
Alleluja!

(Tutti entrano in chiesa, ma non Santuzza e Lucia)

ROMANZA E SCENA TERZA

Lucia e Santuzza

LUCIA
Perché mi hai fatto un segnale
per dirmi di tacere?

SANTUZZA
Voi lo sapete, o mamma,
che prima di andare a fare il soldato
Turiddu aveva giurato
eterna fedeltà a Lola.
Quando tornò, lui scoprì che si era sposata,
e cercò un nuovo amore
per spegnere il fuoco

ROMANZA E SCENA TERZA

A questo punto
lo spettatore riceve
l'informazione com-
pleta, che finora ha
potuto solo intuire.
La romanza di San-
tuzza, sottolineata
di violini, è diversa
da quelle dei melo-
drammi tradizionali
per la sua sempli-
cità 'verista'.

10 che gli bruciava il core:
M'amò, l'amai.
Quell'invida d'ogni delizia mia,
Del suo sposo dimentica,
Arse di gelosia...
15 Me l'ha rapito...
Priva dell'onor mio rimango:
Lola e Turiddu s'amano,
Io piango, io piango!

LUCIA
Miseri noi,
20 Che cosa vieni a dirmi
In questo santo giorno?

SANTUZZA
Io son dannata.
Andate, o mamma,
Ad implorare Iddio,
25 E pregate per me.
Verrà Turiddu,
Vo' supplicarlo
Un'altra volta ancora!

LUCIA
(avvicinandosi alla chiesa)
Aiutatela voi,
30 Santa Maria! (Esce.)

SCENA IV

Santuzza e Turiddu

TURIDDU
(entrando)
Tu qui, Santuzza?

SANTUZZA
Qui t'aspettavo.

12. «Invida»: forma rarissima per «invidiosa».

14. «Arse»: passato remoto di «ardere», che significa «bruciare».

27. «Vo'»: forma contratta di «voglio».

SCENA IV

1. Il verso esprime sorpresa e non è quindi una domanda.

2. La forma interrogativa con il verbo alla fine è tipica del dialetto siciliano. Si ripete ai versi 4 e 7, contribuendo all'effetto 'verista'.

20

che gli bruciava il cuore:
lui mi amò e io lo amai.
Lola, invidiosa di ogni mia felicità,
dimenticando il fatto di essere sposata,
fu presa dal fuoco della gelosia...
Me lo ha rubato...
Io rimango senza più onore:
Lola e Turiddu si amano,
io piango, io piango...

LUCIA
Poveri noi,
Che cosa mi vieni a dire
in questo santo giorno?

SANTUZZA
Io sono una peccatrice.
Andate voi, mamma,
a pregare Dio,
e pregate per me.
Turiddu sta per arrivare.
Voglio chiedergli pietà
ancora una volta!

LUCIA
(Avvicinandosi alla chiesa)
Aiutala tu,
Santa Maria! (Esce)

SCENA QUARTA

Santuzza e Turiddu

TURIDDU
(Entrando)
Sei qui, Santuzza?

SANTUZZA
Ti stavo aspettando proprio qui.

17-18. La verità viene finalmente detta e il dramma di Santuzza appare al pubblico chiaramente.

19-21. Ancora una volta i versi sono cantati su un'unica nota, per sottolinearne la funzionalità drammaturgica, per evitare che si perdano nella melodia della romanza precedente.

29. Lucia si schiera dalla parte di Santuzza.

SCENA QUARTA

I violini, in contrasto con la conclusione monocorde della scena precedente, segnano il precipitare della situazione.

16. «Volger»: volgere, cioè «voltare».

19. «Scorto»: participio passato di «scorgere», cioè «vedere da lontano».

TURIDDU
È Pasqua,
In chiesa non vai?

SANTUZZA
5   Non vo.
Debbo parlarti...

TURIDDU
Mamma cercavo.

SANTUZZA
Debbo parlarti...

TURIDDU
Qui no! Qui no!

SANTUZZA
10   Dove sei stato?

TURIDDU
Che vuoi tu dire?
A Francofonte!

SANTUZZA
No, non è ver!

TURIDDU
Santuzza, credimi...

SANTUZZA
15   No, non mentire;
Ti vidi volger
Giù dal sentier...
E stamattina, all'alba,
T'hanno scorto
20   Presso l'uscio di Lola.

TURIDDU
Ah! mi hai spiato!

TURIDDU
È Pasqua,
non vai in chiesa?

SANTUZZA
Non ci vado.
Devo parlarti...

TURIDDU
Cercavo mia madre.

SANTUZZA
Devo parlarti...

TURIDDU
Qui no, qui no!

SANTUZZA
Dove sei stato?

TURIDDU
Che cosa vuoi dire?
Sono stato a Francofonte!

SANTUZZA
No, non è vero.

TURIDDU
Santuzza, credimi...

SANTUZZA
No, non mentire;
ti ho visto curvare
giù dal sentiero...
E questa mattina, all'alba,
ti hanno visto
vicino alla porta di Lola.

TURIDDU
Ah! mi hai spiato!

6-12. Santuzza attacca, Turiddu cerca di non rispondere.

14. Visto che Santuzza è decisa, Turiddu cerca di prenderla con dolcezza.

21 e ss. Turiddu si trasforma da accusato in accusatore e, nei versi 48-51, riesce a dominare psicologicamente Santuzza.

31. «Sopire»: addormentare, calmare.

33. «Colla»: forma arcaica di preposizione articolata; sta per «con la».

SANTUZZA
 No, te lo giuro.
 A noi l'ha raccontato
 Compar Alfio,
25 Il marito, poco fa.

TURIDDU
 Così ricambi
 L'amor che ti porto?
 Vuoi che m'uccida?

SANTUZZA
 Oh! questo non lo dire...

TURIDDU
30 Lasciami dunque, lasciami;
 Invan tenti sopire
 Il giusto sdegno
 Colla tua pietà.

SANTUZZA
 Tu l'ami dunque?

TURIDDU
35 No...

SANTUZZA
 Assai più bella
 È Lola.

TURIDDU
 Taci, non l'amo.

SANTUZZA
 L'ami...
40 Oh! maledetta!

TURIDDU
 Santuzza!

SANTUZZA
No, te lo giuro.
Ce lo ha raccontato
il compare Alfio,
il marito di Lola, poco fa.

TURIDDU
Così mi ringrazi
per l'amore che ho per te?
Vuoi che lui mi uccida?

SANTUZZA
Oh, non dire queste cose...

TURIDDU
Lasciami allora, lasciami;
Inutilmente cerchi di calmare
la mia giusta irritazione
con la tua pietà.

SANTUZZA
Allora tu la ami?

TURIDDU
No...

SANTUZZA
È molto più bella di me,
Lola...

TURIDDU
Sta' zitta, non la amo.

SANTUZZA
Tu la ami...
Oh, maledetta!

TURIDDU
Santuzza!

22. Santuzza si difende e si scusa, accettando in tal modo il ruolo di 'colpevole' che Turiddu le attribuisce attaccandola.

39. Turiddu ha continuato a negare di amare Lola, ma Santuzza non può essere convinta: in cuor suo ha accettato l'idea di essere stata tradita e non ascolta più l'uomo che continua a negare.

42. «Femmina», che
richiama l'aspetto
animale, è una paro-
la connotata negati-
vamente.

SANTUZZA

Quella cattiva femmina
Ti tolse a me!

TURIDDU

Bada, Santuzza,
45 Schiavo non sono
Di questa vana
Tua gelosia!

SANTUZZA

Battimi, insultami,
T'amo e perdono,
Ma è troppo forte
L'angoscia mia.

STORNELLO

«Stornello» è una
forma musicale po-
polare che inizia
sempre con la frase
«fior di + nome di
una pianta».

8. «Giunto»: partici-
pio passato di «giun-
gere», cioè «arriva-
re».

11. «Maniscalco»: ar-
tigiano che prepara i
ferri da cavallo e
glieli inchioda negli
zoccoli.

STORNELLO DI LOLA

Lola e detti

LOLA
(dentro alla scena)
Fior di giaggiolo,
Gli angeli belli
Stanno a mille in cielo,
Ma bello come lui
5 Ce n'è uno solo Ah!
(entrando)
Fior di giaggiolo...
Oh! Turiddu... È passato Alfio?

TURIDDU

Son giunto ora in piazza.
Non lo so...

LOLA

10 Forse è rimasto
Dal maniscalco,
Ma non può tardare.

SANTUZZA
Quella donna cattiva
ti ha tolto a me!

TURIDDU
Sta' attenta, Santuzza,
non sono servo
di questa tua
gelosia che non ha ragione!

SANTUZZA
Picchiami, insultami,
ti amo e ti perdòno,
ma è troppo forte
il mio dolore.

STORNELLO

Lola, più le persone già presenti in scena

LOLA
(Dietro la scena di fondo)
Fiore di iris,
gli angeli belli
stanno a migliaia in cielo,
ma bello come lui
cen'è uno solo. Ah!
(Entrando)
Fiore di iris...
Oh, Turiddu... È passato Alfio?

TURIDDU
Sono arrivato adesso in piazza,
non lo so...

LOLA
Forse è rimasto
dove mettono i ferri agli zoccoli del cavallo,
ma arriverà tra poco.

STORNELLO

L'improvviso stor-
nello popolare, che
interrompe il dram-
matico confronto
della scena prece-
dente, presenta
Lola, piena di vita,
che non si cura di
essere in ritardo per
la messa, creando
un contrasto con la
sottomessa
Santuzza dei versi
precedenti.

14. «Sentite le funzioni»: partecipate alle liturgie pasquali.

22. «Bacio in terra»: modo di dire che significa «ringrazio sentitamente per un dono che mi è stato fatto senza che io lo meriti».

(ironicamente)
E voi...
Sentite le funzioni in piazza?

TURIDDU
15 Santuzza mi narrava...

SANTUZZA
(tetra)
Gli dicevo che oggi è Pasqua
E il Signor vede ogni cosa!

LOLA
Non venite alla messa?

SANTUZZA
Io no, ci deve andar chi sa
20 Di non aver peccato!

LOLA
Io ringrazio il Signore
E bacio in terra.

SANTUZZA
(ironicamente)
Oh, fate bene, Lola!

TURIDDU
(a Lola)
Andiamo, andiamo!
25 Qui non abbiam che fare.

LOLA
(ironicamente)
Oh! rimanete!

SANTUZZA
(a Turiddu)
Sì, resta, resta,
Ho da parlarti ancora!

(Con ironia)
E voi...
Sentite la messa stando in piazza?

TURIDDU
Santuzza mi raccontava...

SANTUZZA
(Scura in viso)
Gli dicevo che oggi è Pasqua
e Gesù vede ogni cosa!

LOLA
Non venite a messa?

SANTUZZA
Io no, a messa ci deve andare
chi sa di non avere fatto del male!

LOLA
Io ringrazio Gesù
e bacio la terra.

SANTUZZA
(Con ironia)
Fate bene, Lola!

TURIDDU
(A Lola)
Andiamocene, andiamo via,
non abbiamo niente da fare qui.

LOLA
(Con ironia)
Oh, rimanete pure qui!

SANTUZZA
(A Turiddu)
Sì, rimani, rimani qui,
devo ancora parlarti!

13-14. Lola è sicura di sé e attacca la rivale perdente. Le dà del voi, con sarcasmo.

15-16. Turiddu cerca di evitare che Santuzza possa parlare, ma lei lo farà, usando come al solito una voce bassa e monocorde (verso 16) per sottolineare la drammaticità.

24. Turiddu ha tanta paura di quello che può dirgli Santuzza da proporre a Lola, che Santuzza considera la sua amante, di accompagnarlo in chiesa.

29. «V'assista»: vi
aiuti.

LOLA
E v'assista il Signore
30 Io me ne vado.

(Entra in chiesa.)

DUETTO

4. «Perdio»: è scritto
come parola unica
per rendere meno
forte il significato di
quella che, soprat-
tutto nell'Ottocento,
era certo considera-
ta una bestemmia:
«Per Dio!».

DUETTO I

Santuzza e Turiddu

TURIDDU
(irato)
Ah! lo vedi,
Che hai tu detto...?

SANTUZZA
L'hai voluto, e ben ti sta.

TURIDDU
(Le s'avventa)
Ah! perdio!

SANTUZZA
5 Squarciami il petto!

TURIDDU
(S'avvia)
No!

SANTUZZA
(trattenendolo)
Turiddu, ascolta!

TURIDDU
Va!

SANTUZZA
No, no, Turiddu,
10 Rimani ancora.

LOLA
Che Gesù vi aiuti:
io me ne vado.

(Entra in chiesa)

PRIMO DUETTO

Santuzza e Turiddu

TURIDDU
(Arrabbiato)
Ah, vedi,
che cosa hai detto...?

SANTUZZA
Te la sei voluta, e ti sta bene.

TURIDDU
(Si lancia contro di lei)
Ah! Per Dio!

SANTUZZA
Colpiscimi e aprimi il petto.

TURIDDU
(Si volta per andarsene)
No!

SANTUZZA
(Cercando di fermarlo)
Turiddu, ascolta!

TURIDDU
Va!

SANTUZZA
No, no, Turiddu,
Rimani ancora.

DUETTO

L'orchesta, sovrapponendosi al tema dello stornello che ha chiuso il passaggio di Lola, ripropone il tema del conflitto.

1. Turiddu riprende a colpevolizzare Santuzza, come se fosse lei la causa del dramma che sta avvenendo.

10 e ss. L'intero duetto è giocato sull'opposizione tra la ragazza innamorata e pronta a perdonare e Turiddu che, anziché accettare di concludere la lite, la respinge, ponendo così le basi per la conclusione tragica. Al di là della convenzione melodrammatica per cui lo stesso verso può esere ripetuto molte volte,

11-12. Torna, come in altri momenti di tensione, la forma interrogativa siciliana con il verbo alla fine. Cfr. anche 19-20.

15. «Limitare»: parola arcaica per «soglia», punto di ingresso di una casa.

22. «Tediarmi»: parole raffinata che sta per «annoiarmi».

26. «Ira»: irritazione, rabbia.

27. «Mala»: forma antica per «cattiva», usata spesso nelle maledizioni.

27. «Spergiuro»: colui che non mantiene un giuramento o che giura il falso.

Abbandonarmi
Dunque tu vuoi?

TURIDDU
Perché seguirmi,
Perché spiarmi
15 Sul limitare
Fin della chiesa?

SANTUZZA
La tua Santuzza
Piange e t'implora;
Come cacciarla
20 Così tu puoi?

TURIDDU
Va', ti ripeto,
Va', non tediarmi,
Pentirsi è vano
Dopo l'offesa!

SANTUZZA
(minacciosa)
25 Bada!

TURIDDU
Dell'ira tua non mi curo!
(La getta a terra e fugge in chiesa.)

SANTUZZA
(nel colmo dell'ira)
A te la mala Pasqua, spergiuro!
(Cade affranta ed angosciata.)

(Entra Alfio e s'incontra con Santuzza).

Dunque, tu vuoi
abbandonarmi?

TURIDDU
Perché mi hai seguito,
perché mi hai spiato
fino all'entrata
della chiesa?

SANTUZZA
La tua Santuzza
piange e ti prega;
come puoi tu
mandarla via così?

TURIDDU
Vattene, ti ripeto,
vai via, non annoiarmi,
è inutile pentirsi
dopo che si è offeso qualcuno!

SANTUZZA
(Minacciosa)
Stai attento!

TURIDDU
Non mi interessa la tua rabbia!
(La fa cadere a terra e corre in chiesa)

SANTUZZA
(Molto arrabbiata)
Ti auguro una cattiva Pasqua, traditore!
(Cade disperata e addolorata)

(Entra Alfio e trova Santuzza)

il fatto che i due
personaggi parlino
senza ormai capirsi
e ripetendo testar-
damente le proprie
parole è rilevante
per comunicare lo
stato d'animo.

17. Santuzza parla
di sé in terza perso-
na, quasi fosse una
bambina che si fa
piccola piccola.

25-27. L'orchestra
assume un valore
fondamentale e vie-
ne qui usata da
Mascagni in maniera
nuova rispetto alla
tradizione italiana.

DUETTO II

Santuzza e Alfio

DUETTO II

4. «Per»: al posto di.

10. «Adorna il tetto»: mette [le corna] come ornamento della vostra casa.

13. «Santa»: è il nome della ragazza e Alfio lo usa per rendere più solenni le sue parole.
«Santuzza» è un diminutivo.

16-17: «Vostra moglie» è il soggetto, «lui» e il complemento oggetto.

19. «Vo'»: forma contratta di «voglio».

SANTUZZA
Oh! il Signore vi manda,
Compar Alfio.

ALFIO
A che punto è la messa?

SANTUZZA
È tardi ormai, ma per voi
5   Lola è andata con Turiddu!

ALFIO
(sorpreso)
Che avete detto?

SANTUZZA
Che mentre correte
All'acqua e al vento
A guadagnarvi il pane,
10   Lola v'adorna il tetto
In malo modo!

ALFIO
Ah! nel nome di Dio,
Santa, che dite?

SANTUZZA
Il ver. Turiddu
15   Mi tolse l'onore,
E vostra moglie
Lui rapiva a me!

ALFIO
Se voi mentite,
Vo' schiantarvi il core!

SECONDO DUETTO

Santuzza e Alfio

SANTUZZA
Oh, Gesù vi manda,
compare Alfio.

ALFIO
E che punto è la messa?

SANTUZZA
È tardi ormai, ma Lola è andata a messa
portando Turiddu al vostro posto!

ALFIO
(Sorpreso)
Che cosa avete detto?

SANTUZZA
Che mentre voi correte
nella pioggia e nel vento
per guadagnarvi il pane,
Lola nella vostra casa
vi fa le corna, vi tradisce.

ALFIO
Ah! Nel nome di Dio,
Santuzza, che cosa dite?

SANTUZZA
Dico la verità. Turiddu
mi ha tolto l'onore,
e vostra moglie
lo ha rubato a me!

ALFIO
Se quello che dite è falso
vi spezzerò il cuore!

DUETTO SECONDO

Il dramma prende a correre velocemente verso la conclusione ormai inevitabile.

1-13. Il tema musicale non è più basato sulla melodia, ma su un'invenzione musicale modernissima per i tempi. Il testo linguistico assume una funzione predominante.

10. È un riferimento popolare alle «corna», simbolo del tradimento coniugale, che ci riporta alla natura verista dell'opera.

20. «Uso»: abituato.

23. «Pel»: forma arcaica di preposizione articolata: «per il».

26. «Comare»: forma di cortesia femminile (il maschile è «compare»); corrisponde a «signora».

33. «Dì»: forma arcaica (dal latino «dies») per «giorno».

INTERMEZZO E SCENA V, CORO E BRINDISI

SANTUZZA

20   Uso a mentire
Il labbro mio non è!
Per la vergogna mia,
Pel mio dolore,
La triste verità
25   Vi dissi, ahimè!

ALFIO

Comare Santa,
Allor grato vi sono.

SANTUZZA

Infame io son
Che vi parlai così!

ALFIO

30   Infami loro:
Ad essi non perdono;
Vendetta avrò
Pria che tramonti il dì.
Io sangue voglio,
35   All'ira m'abbandono,
In odio tutto
L'amor mio finì
(Escono.)

INTERMEZZO SINFONICO

(Tutti escono di chiesa, Lucia traversa la scena
ed entra in casa.)

SCENA V, CORO E BRINDISI

Lola, Turiddu e Coro

UOMINI

A casa, a casa,

SANTUZZA
Le mie labbra
non hanno l'abitudine di mentire!
A causa della mia vergnogna,
a causa del mio dolore,
vi ho detto, purtroppo,
la triste verità.

ALFIO
Comare Santuzza,
In tal caso, vi ringrazio.

SANTUZZA
Io sono una traditrice
perché vi ho detto tutto!

ALFIO
Traditori sono loro:
a loro non perdòno;
avrò la mia vendetta
prima del tramonto.
Io voglio sangue,
mi lascio prendere dalla rabbia,
il mio amore si è trasformato
tutto in odio!
(Escono)

26-29. Chiamandola «Santa» anziché con il diminutivo Alfio accentua la natura «ufficiale» dell'informazione che ha ricevuto da lei, e Santuzza si rende conto che ormai non può far nulla per fermare gli eventi che seguiranno.

INTERMEZZO SINFONICO

(Tutti escono dalla chiesa; Lucia attraversa la scena
ed entra in casa)

SCENA QUINTA, CORO E BRINDISI

Lola, Turiddu e Coro

UOMINI
Andiamo a casa, a casa,

INTERMEZZO E SCENA DEL CORO

L'intermezzo, spesso considerato solo un riempitivo per allungare un'opera troppo breve, ha invece una fondamentale funzione drammaturgica: crea uno stacco

24. «Beviamone»: la particella «ne» non ha un riferimento nel testo, ma dall'azione scenica si comprende che Turiddu la pronuncia indicando il vino.

Amici, ove ci aspettano
Le nostre donne,
Andiam!
5   Or che letizia
Rasserena gli animi,
Senza indugio corriam!

DONNE
A casa, a casa,
Amiche, ove ci aspettano
10   I nostri sposi,
Andiam!
Or che letizia
Rasserena gli animi
Senza indugio corriam!

(Il coro si avvia.)

TURIDDU
(a Lola che s'avvia)
15   Comare Lola,
Ve ne andate via
Senza nemmeno salutare?

LOLA
Vado a casa:
Non ho visto compare Alfio!

TURIDDU
20   Non ci pensate,
Verrà in piazza
(al coro)
Intanto amici, qua,
Beviamone un bicchiere.

(Tutti si avvicinano alla tavola dell'osteria e prendono i bicchieri.)

Viva il vino spumeggiante
25   Nel bicchiere scintillante,

amici, dove ci aspettano
le nostre mogli,
andiamo!
Adesso che la gioia
fa sereni i nostri spiriti,
corriamo senza fermarci!

DONNE
Andiamo a casa, a casa,
amiche, dove ci aspettano
i nostri mariti
andiamo!
Adesso che la gioia
fa sereni i nostri spiriti,
corriamo senza fermarci!

(Il coro esce dl scena)

TURIDDU
(A Lola, che sta per andarsene)
Comare Lola,
ve ne andate via
senza nemmeno salutarmi?

LOLA
Vado a casa:
non ho visto compare Alfio!

TURIDDU
Non ci pensate,
verrà in piazza.
(Al coro)
Intanto, amici, venite qui,
beviamo un bicchiere di vino.

(Tutti si avvicinano alla tavola dell'osteria e prendono i bicchieri)

Viva il vino spumante
nel bicchiere che brilla,

dopo il punto di svolta della vicenda, dà allo spettatore il tempo di riflettere su quello che sta per succedere: come nelle tragedie greche, il pathos sta infatti nel sapere che l'eroe è condannato e nell'assistere impotenti alla sua vicenda.
L'uso dell'arpa richiama quello della canzone introduttiva di Turiddu.

1-14. Ritorna la divisione in ruoli sociali tra uomini e donne, già vista nel primo coro, offrendo così ulteriore unitarietà al testo.

24. Turiddu non sa che cosa sta per accadere, crede forse di aver dominato Santuzza, per cui non si pone problemi. È un giovane pieno di vita, che ha ceduto ai sensi, ma che è anche un leader nel paese, sa tener tutti allegri.

30. «Umor nero»: nella teoria antica dei quattro «umori» (cioè liquidi che regolavano la vita) la bile, che è un liquido nero, produceva la malinconia.

37. «Rinnovisi»: si rinnovi, si faccia di nuovo.

37. «La giostra»: un giro di bicchieri.

Come il riso dell'amante
Mite infonde il giubilo!
Viva il vino ch'è sincero
Che ci allieta ogni pensiero,
30   E che affoga l'umor nero,
Nell'ebbrezza tenera.

CORO
Viva!

TURIDDU
(a Lola)
   Ai vostri amori!
(Beve.)

LOLA
(a Turiddu)
   Alla fortuna vostra!
(Beve.)

TURIDDU
35   Beviam!

CORO, TURIDDU E LOLA
   Viva! Beviam!
   Rinnovisi la giostra!

CORO
   Viva il vino spumeggiante ecc.

(Entra Alfio.)

FINALE

FINALE

Alfio e detti

ALFIO
   A voi tutti salute!

come la risata di un innamorato
che, dolcemente, dà allegria!
Viva il vino che è sincero,
che rallegra ogni nostro pensiero,
e che fa finire ogni tristezza
nella sua dolce allegria.

CORO
Viva!

TURIDDU
(A Lola)
Ai vostri amori.
(Beve)

LOLA
(A Turiddu)
Alla vostra fortuna!
(Beve)

TURIDDU
Beviamo!

CORO, TURIDDU E LOLA
Viva! Beviamo!
Facciamo un altro giro di bicchieri!

CORO
Viva il vino spumante, ecc.

(Entra Alfio)

FINALE

Alfio e gli altri già presenti in scena

ALFIO
Saluto tutti voi!

35. La scena non poteva non richiamare agli spettatori il brindisi aristocratico di Violetta nel Primo Atto della *Traviata*, per cui la cultura 'rusticana' di quest'opera risultava chiara a tutti.

FINALE

La melodia scompare definitivamente e lascia spazio a una musica carica di descrizione psico-

9. «Entro»: forma arcaica per «dentro».

10. «A piacer vostro»: frase rituale per accettare una sfida, un duello.

CORO
Compar Alfio, salute

TURIDDU
Benvenuto!
Con noi dovete bere:
(Empie un bicchiere.)
5   Ecco, pieno è il bicchiere.

ALFIO
(respingendolo)
Grazie, ma il vostro vino
Io non l'accetto.
Diverrebbe veleno
Entro il mio petto.

TURIDDU
(Getta il vino.)
10   A piacer vostro!

LOLA
Ahimè! che mai sarà?

ALCUNE DONNE
(a Lola)
Comare Lola,
Andiamo via di qua.
(Tutte le donne escono conducendo Lola.)

TURIDDU
Avete altro da dirmi?

ALFIO
15   Io? Nulla!

TURIDDU
Allora sono agli ordini vostri.

ALFIO
Or ora?

CORO
Vi salutiamo, compare Alfio.

TURIDDU
Benvenuto!
Dovete bere con noi.
(Riempie un bicchiere)
Ecco, il bicchiere è pieno.

ALFIO
(Rifiutando il bicchiere)
Grazie, ma non accetto
il vostro vino.
Si trasformerebbe in veleno
dentro il mio petto.

TURIDDU
(Getta via il vino)
Accetto la sfida, sono a vostra disposizione.

LOLA
Oh dio, che cosa succede?!

ALCUNE DONNE
(A Lola)
Comare Lola,
andiamo via di qua.
(Tutte le donne escono portando via Lola)

TURIDDU.
Avete qualcos'altro da dirmi?

ALFIO
Io? Niente.

TURIDDU
Allora, sono a vostra disposizione.

ALFIO
Adesso?

logica: fa da supporto agli eventi drammatici che portano con estrema rapidità (fatto insolito in un melodramma) verso il *denouement* dell'intreccio.

12. Le donne hanno ormai capito quello che sta per succedere e portano via Lola.

20. «A buono»: davvero, non solo simbolicamente.

27. «Al par»: così come.

34. «Ferro»: coltello, pugnale.

TURIDDU
Or ora!

(Alfio e Turiddu si abbracciano. Turiddu morde l'orecchio destro di Alfio.)

ALFIO
   Compar Turiddu,
20   Avete morso a buono...
(con intenzione)
   C'intenderemo bene,
   A quel che pare!

TURIDDU
   Compar Alfio!
   Lo so che il torto è mio:
25   E ve lo giuro
   Nel nome di Dio
   Che al par d'un cane
   Mi farei sgozzar.
   Ma... s'io non vivo,
30   Resta abbandonata...
   Povera Santa...
   Lei che mi s'è data...
(con impeto)
   Vi saprò in core
   Il ferro mio piantar!

ALFIO
(freddamente)
35   Compare,
   Fate come più vi piace;
   Io v'aspetto qui fuori,
   Dietro l'orto.
(Esce.)

Lucia e Turiddu

TURIDDU
   Mamma,

TURIDDU
Adesso.

(Alfio e Turiddu si abbracciano. Turiddu morde l'orecchio destro di Alfio, in segno di sfida)

ALFIO
Compare Turiddu,
avete morso con decisione...
(Con intenzionalità)
Ci capiremo bene,
a quanto pare.

TURIDDU
Compar Alfio!
Lo so che ho sbagliato io:
e vi giuro
nel nome di Dio
che come un cane
mi farei tagliare la gola,
ma... se io muoio
la povera Santuzza
resterà da sola, abbandonata...
E lei si è già data a me...
(con forza)
Saprò piantare
il coltello nel vostro petto!

ALFIO
(Con calma)
Compare,
fate come preferite;
io vi aspetto qui fuori,
dietro l'orto.
(Esce)

Lucia e Turiddu

TURIDDU
Mamma,

23. Di fronte alla realtà, la consapevolezza della colpa (sull'onda del tema dei violini) entra nella psicologia di Turiddu. Ammette le sue responsabilità, ma confida di risolvere tutto con la forza della giovinezza.

35. I librettisti vogliono accentuare l'opposizione tra la superficiale giovinezza di Turiddu e la calma maturità di Alfio.

40. «Generoso»: for-
te, alcolico.

42. «Tracannati»: be-
vuti in quantità, in
gran fretta.

45. «Benedite»: for-
ma rara per «benedi-
ciate».

52. «Ch'io»:
perché io.

40   Quel vino è generoso, e certo
      Oggi troppi bicchieri
      Ne ho tracannati...
      Vado fuori all'aperto.
      Ma prima voglio
45   Che mi benedite
      Come quel giorno
      Che partii soldato.
      E poi... mamma... sentite...
      S'io... non tornassi...
50   Voi dovrete fare
      Da madre a Santa,
      Ch'io le avea giurato
      Di condurla all'altare.

LUCIA
      Perché parli così, figliuol mio?

TURIDDU
55   Oh! nulla!
      È il vino che mi ha suggerito!
      Per me pregate Iddio!
      Un bacio, mamma...
      Un altro bacio... addio!
      (L'abbraccia ed esce precipitosamente.)

Lucia, Santuzza e Coro

LUCIA
(disperata, correndo in fondo)
60   Turiddu?! Che vuoi dire?
      Turiddu! Turiddu! Ah!

(Entra Santuzza)

      Santuzza!...

SANTUZZA
(Getta le braccia al collo di Lucia.)
      Oh! madre mia!

46

quel vino è forte, e certamente
oggi ne ho bevuti
troppi bicchieri...
Vado fuori.
Ma prima, voglio
che mi diate la vostra benedizione
come quel giorno
in cui sono partito per fare il soldato.
E poi... mamma... ascoltatemi...
se io... non tornassi...
voi dovete fare
da madre a Santuzza,
perché io le avevo promesso
di sposarla.

LUCIA
Perché parli così, figlio mio?

TURIDDU
Oh! niente!
È il vino che mi ha fatto parlare così.
Pregate Dio per me.
Un bacio, mamma...
Un altro bacio... Addio!
(La abbraccia ed esce di scena correndo)

Lucia, Santuzza e Coro

LUCIA
(Disperata, correndo verso il fondo della scena)
Turiddu?! Che cosa vuoi dire?
Turiddu! Turiddu! Ah!

(Entra Santuzza)

Santuzza!

SANTUZZA
(Abbraccia Lucia)
Oh! Madre mia!

40. Incapace di assumersi definitivamente le proprie colpe, Turiddu le carica su un elemento esterno (il vino) e lascia che sia un'altro (la madre) a farsi carico delle sue responsabilità nei confronti di Santuzza. L'intero dialogo con la madre è nel pieno della tradizione melodrammatica popolare, con il suo richiamo plateale agli affetti più cari.

54. Lucia rifiuta di ammettere una verità che in realtà ha già intuito.

(La scena si popola. Si sente un mormorio lontano.)

UNA DONNA
Hanno ammazzato compare Turiddu.

(Tutti gettano un grido.)

(La scena si riempie lentamente. Si sentono delle voci lontane)

UNA DONNA
Hanno ucciso compare Turiddu.

(Tutti gridano)

64. L'uccisione fuori scena, riferita dalla frase ripetuta due volte, è una soluzione geniale, la migliore tra tutte quelle possibili.

CAVALLERIA RUSTICANA

GIOVANNI VERGA

Da *Vita dei Campi* (1880)

Turiddu Macca, il figlio della gnà[1] Nunzia, come[2] tornò da fare il soldato, ogni domenica si pavoneggiava[3] in piazza coll'uniforme da bersagliere e il berretto rosso, che sembrava quello della buona ventura,[4] quando mette su banco colla gabbia dei canarini. Le ragazze se lo rubavano cogli occhi, mentre andavano a messa col naso dentro la mantellina, e i monelli[5] gli ronzavano attorno come le mosche. Egli aveva portato anche una pipa col re a cavallo che pareva vivo, e accendeva gli zolfanelli[6] sul dietro dei calzoni, levando la gamba, come se desse una pedata. Ma con tutto ciò Lola di massaro[7] Angelo non si era fatta vedere né alla messa, né sul ballatoio,[8] ché si era fatta sposa con uno di Licodia, il quale faceva il carrettiere e aveva quattro muli di Sortino in stalla. Dapprima Turiddu come lo seppe, santo diavolone! voleva trargli fuori le budella[9] dalla pancia, voleva trargli, a quel di Licodia! però non ne fece nulla, e si sfogò coll'andare a cantare tutte le canzoni di sdegno[10] che sapeva sotto la finestra della bella.

— Che non ha nulla da fare Turiddu della gnà Nunzia — dicevano i vicini — che passa le notti a cantare come una passera solitaria?

Finalmente s'imbatté in Lola che tornava dal viaggio alla Madonna del Pericolo, e al vederlo, non si fece né bianca né rossa quasi non fosse stato fatto suo.[11]

— Beato chi vi vede! — le disse.

— Oh, compare Turiddu, me l'avevano detto che siete tornato al primo del mese.

— A me mi hanno detto delle altre cose ancora! — rispose lui. — Che è vero che vi maritate con compare Alfio, il carrettiere?

[1] Signora.

[2] Quando.

[3] Si esibiva.

[4] Baraccone di una fiera.

[5] Bambini.

[6] Fiammiferi.

[7] Contadino.

[8] Balcone.

[9] Voleva ucciderlo.

[10] Disprezzo.

[11] Qualcosa che la riguardava.

12 Punte, estremità.

13 La adattate.

14 Vi conviene.

15 Coraggioso.

16 Fiocco.

17 Dispiaceva.

18 È passato del tempo.

19 Modo di dire siciliano per «quello che è stato è stato. È passato». Letteralmente: «Facciamo finta che sia piovuto e ora ha smesso.»

20 Soffriva.

21 Diceva a bassa voce.

— Se c'è la volontà di Dio! — rispose Lola, tirandosi sul mento le due cocche[12] del fazzoletto.

— La volontà di Dio la fate col tira e molla[13] come vi torna conto![14] E la volontà di Dio fu che dovevo tornare da tanto lontano per trovare ste belle notizie, gnà Lola!

Il poveraccio tentava di fare ancora il bravo,[15] ma la voce gli si era fatta roca; ed egli andava dietro alla ragazza, dondolandosi colla nappa[16] del berretto che gli ballava di qua e di là sulle spalle. A lei, in coscienza, rincresceva[17] di vederlo così col viso lungo, però non aveva cuore di lusingarlo con belle parole.

— Sentite, compare Turiddu, — gli disse alfine — lasciatemi raggiungere le mie compagne. Che direbbero in paese se mi vedessero con voi?...

— È giusto — rispose Turiddu; — ora che sposate compare Alfio, che ci ha quattro muli in stalla, non bisogna farla chiacchierare la gente. Mia madre invece, quella poveretta, la dovette vendere la nostra mula baia, e quel pezzetto di vigna sullo stradone nel tempo ch'ero soldato.[18] Passò quel tempo che Berta filava, e voi non ci pensate più al tempo in cui ci parlavamo dalla finestra sul cortile, e mi regalaste quel fazzoletto, prima d'andarmene, che Dio sa quante lacrime ci ho pianto dentro nell'andar via lontano tanto che si perdeva persino il nome del nostro paese. Ora addio, gnà Lola, facemu cuntu ca chioppi e scampau, e la nostra amicizia finiu.[19]

La gnà Lola si maritò col carrettiere; e la domenica si metteva sul ballatoio, colle mani sul ventre per far vedere tutti i grossi anelli d'oro che le aveva regalati suo marito. Turiddu seguitava a passare e ripassare per la stradicciuola, colla pipa in bocca e le mani in tasca, in aria d'indifferenza, e occhieggiando le ragazze; ma dentro ci si rodeva[20] che il marito di Lola avesse tutto quell'oro, e che ella fingesse di non accorgersi di lui quando passava.

— Voglio fargliela proprio sotto gli occhi a quella cagnaccia! — borbottava.[21]

Di faccia a compare Alfio ci stava massaro

Cola, il vignaiuolo, il quale era ricco come un maiale, dicevano, e aveva una figliuola in casa. Turiddu tanto disse e tanto fece che entrò camparo[22] da massaro Cola, e cominciò a bazzicare[23] per la casa e a dire le paroline dolci alla ragazza.

— Perché non andate a dirle alla gnà Lola ste belle cose? — rispondeva Santa.

— La gnà Lola è una signorona! La gnà Lola ha sposato un re di corona, ora!

— Io non me li merito i re di corona.

— Voi ne valete cento delle Lole, e conosco uno che non guarderebbe la gnà Lola, né il suo santo, quando ci siete voi, che la gnà Lola, non è degna di portarvi le scarpe, non è degna.

— La volpe quando all'uva non poté arrivare...

— Disse: come sei bella, racinedda[24] mia!

— Ohè! quelle mani, compare Turiddu.

— Aveta paura che vi mangi?

— Paura non ho né di voi, né del vostro Dio.

— Eh! vostra madre era di Licodia, lo sappiamo! Avete il sangue rosso! Uh! che vi mangerei cogli occhi.

— Mangiatemi pure cogli occhi, che briciole non ne faremo; ma intanto tiratemi[25] quel fascio.[26]

— Per voi tirerei su tutta la casa, tirerei!

Ella, per non farsi rossa, gli tirò un ceppo[27] che aveva sottomano, e non lo colse per miracolo.

— Spicciamoci, che le chiacchiere non ne affastellano sarmenti.[28]

— Se fossi ricco, vorrei cercarmi una moglie come voi, gnà Santa.

— Io non sposerò un re di corona come la gnà Lola, ma la mia dote ce l'ho anch'io, quando il Signore mi manderà qualcheduno.

— Lo sappiamo che siete ricca, lo sappiamo!

— Se lo sapete allora spicciatevi,[29] ché il babbo sta per venire, e non vorrei farmi trovare nel cortile.

Il babbo cominciava a torcere il muso,[30] ma la ragazza fingeva di non accorgersi, poiché la nappa del berretto del bersagliere gli aveva fatto il solletico dentro il cuore, e le ballava sempre di-

22 Divenne bracciante, contadino.

23 Frequentare.

24 Uvetta.

25 Datemi.

26 Legnetti legati insieme.

27 Pezzo di legno.

28 Non servono a nulla.

29 Rimettetevi al lavoro.

30 A essere sospettoso e scontento.

31 Licenziò.

32 Il Re d'Italia.

33 Pulendosi l'anima.

nanzi gli occhi. Come il babbo mise Turiddu fuori dell'uscio,[31] la figliuola gli aprì la finestra, e stava a chiacchierare con lui ogni sera, che tutto il vicinato non parlava d'altro.

— Per te impazzisco — diceva Turiddu — e perdo il sonno e l'appetito.

— Chiacchiere!

— Vorrei essere il figlio di Vittorio Emanuele[32] per sposarti!

— Chiacchiere!

— Per la Madonna che ti mangerei come il pane!

— Chiacchiere!

— Ah! sull'onor mio!

— Ah! mamma mia!

Lola che ascoltava ogni sera, nascosta dietro il vaso di basilico, e si faceva pallida e rossa, un giorno chiamò Turiddu.

— E così, compare Turiddu, gli amici vecchi non si salutano più?

— Ma! — sospirò il giovanotto — beato chi può salutarvi!

— Se avete intenzione di salutarmi, lo sapete dove sto di casa! — rispose Lola.

Turiddu tornò a salutarla così spesso che Santa se ne avvide, e gli batté la finestra sul muso. I vicini se lo mostravano con un sorriso, o con un moto del capo, quando passava il bersagliere. Il marito di Lola era in giro per le fiere con le sue mule.

— Domenica voglio andare a confessarmi, ché stanotte ho sognato dell'uva nera! — disse Lola.

— Lascia stare! lascia stare! — supplicava Turiddu.

— No, ora che s'avvicina la Pasqua, mio marito lo vorrebbe sapere il perché non sono andata a confessarmi.

— Ah! — mormorava Santa di massaro Cola, aspettando ginocchioni il suo turno dinanzi al confessionario dove Lola stava facendo il bucato[33] dei suoi peccati. — Sull'anima mia non voglio mandarti a Roma per la penitenza!

Compare Alfio tornò colle sue mule, carico di

soldoni, e portò in regalo alla moglie una bella veste[34] nuova per le feste.

— Avete ragione di portarle dei regali — gli disse la vicina Santa — perché mentre voi siete via vostra moglie vi adorna la casa![35]

Compare Alfio era di quei carrettieri che portano il berretto sull'orecchio, e a sentir parlare in tal modo di sua moglie cambiò di colore come se l'avessero accoltellato.

— Santo diavolone! — esclamò — se non avete visto bene, non vi lascerò gli occhi per piangere! a voi e a tutto il vostro parentado!

— Non son usa[36] a piangere! — rispose Santa — non ho pianto nemmeno quando ho visto con questi occhi Turiddu della gnà Nunzia entrare di notte in casa di vostra moglie.

— Va bene, — rispose compare Alfio — grazie tante.

Turiddu, adesso che era tornato il gatto,[37] non bazzicava[38] più di giorno per la stradicciuola, e smaltiva l'uggia[39] all'osteria, cogli amici. La vigilia di Pasqua avevano sul desco[40] un piatto di salsiccia. Come entrò compare Alfio, soltanto dal modo in cui gli piantò gli occhi addosso, Turiddu comprese che era venuto per quell'affare e posò la forchetta sul piatto.

— Avete comandi da darmi, compare Alfio? — gli disse.

— Nessuna preghiera, compare Turiddu, era un pezzo che non vi vedevo, e voleva parlarvi di quella cosa che sapete voi.

Turiddu da prima gli aveva presentato il bicchiere, ma compare Alfio lo scansò[41] colla mano. Allora Turiddu si alzò e gli disse:

— Son qui, compar Alfio.

Il carrettiere gli buttò le braccia al collo.

— Se domattina volete venire nei fichidindia[42] della Canziria potremo parlare di quell'affare, compare.

— Aspettatemi sullo stradone allo spuntar del sole, e ci andremo insieme. — Con queste parole si scambiarono il bacio della sfida. Turiddu strinse fra i denti l'orecchio del carrettiere, e così gli fece promessa solenne di non mancare.

[34] Vestito.

[35] Vi fa le corna.

[36] Non ho l'abitudine di.

[37] Il marito.

[38] Passava.

[39] Faceva passare la rabbia.

[40] Tavolo dell'osteria.

[41] Spostò.

[42] Tipiche piante del Sud.

[43] Coltello con la lama nascosta nel manico, da cui esce a scatto.

[44] Soldato.

[45] Giubbetto, panciotto.

[46] Ventre.

Gli amici avevano lasciato la salsiccia zitti zitti, e accompagnarono Turiddu sino a casa. La gnà Nunzia, poveretta, l'aspettava sin tardi ogni sera.

— Mamma — le disse Turiddu — vi rammentate quando sono andato soldato, che credevate non avessi a tornar più? Datemi un bel bacio come allora, perché domattina andrò lontano.

Prima di giorno si prese il suo coltello a molla,[43] che aveva nascosto sotto il fieno, quando era andato coscritto,[44] e si mise in cammino pei fichidindia della Canziria.

— Oh! Gesummaria! dove andate con quella furia? — piagnucolava Lola sgomenta, mentre suo marito stava per uscire.

— Vado qui vicino, rispose compar Alfio — ma per te sarebbe meglio che io non tornassi più.

Lola, in camicia, pregava ai piedi del letto, premendosi sulle labbra il rosario che le aveva portato fra Bernardino dai Luoghi Santi, e recitava tutte le avemarie che potevano capirvi.

— Compare Alfio, — cominciò Turiddu dopo che ebbe fatto un pezzo di strada accanto al suo compagno, il quale stava zitto e col berretto sugli occhi, — come è vero Iddio so che ho torto e mi lascerei ammazzare. Ma prima di venir qui ho visto la mia vecchia che si era alzata per vedermi partire, col pretesto di governare il pollaio, quasi il cuore le parlasse, e quant'è vero Iddio vi ammazzerò come un cane per non far piangere la mia vecchierella.

— Così va bene, — rispose compar Alfio, spogliandosi del farsetto[45] — e picchieremo sodo tutt'e due.

Entrambi erano bravi tiratori; Turiddu toccò la prima botta, e fu a tempo a prenderla nel braccio; come la rese, la rese buona, e tirò all'anguinaia.[46]

— Ah! compare Turiddu, avete proprio intenzione di ammazzarmi!

— Sì, ve l'ho detto; ora che ho visto la mia vecchia nel pollaio, mi pare di averla sempre dinanzi agli occhi.

— Apriteli bene, gli occhi! — gli gridò compar Alfio — che sto per rendervi la buona misura.

Come[47] egli stava in guardia tutto raccolto per tenersi la sinistra sulla ferita, che gli doleva, e quasi strisciava per terra col gomito, acchiappò[48] rapidamente una manata di polvere e la gettò negli occhi dell'avversario.

— Ah! — urlò Turiddu accecato — son morto.

Ei cercava di salvarsi, facendo salti disperati all'indietro; ma compar Alfio lo raggiunse con un'altra botta nello stomaco e una terza alla gola.

— E tre! questa è per la casa che tu m'hai adornato. Ora tua madre lascerà stare le galline.

Turiddu annaspò[49] un pezzo di qua e di là tra i fichidindia e poi cadde come un masso. Il sangue gli gorgogliava spumeggiando nella gola, e non poté proferire[50] nemmeno: — Ah, mamma mia.

[47] Siccome.

[48] Prese.

[49] Cercò un sostegno.

[50] Dire.

INDICE

pag. 3   Cavalleria rusticana: da Verga a Mascagni

CAVALLERIA RUSTICANA

6   Preludio

8   Atto unico

Giovanni Verga
51   CAVALLERIA RUSTICANA (Da *Vita nei campi*)

L'italiano per stranieri

Amato
Mondo italiano
testi autentici sulla realtà sociale
e culturale italiana
• libro dello studente
• quaderno degli esercizi

Ambroso e Di Giovanni
L'ABC dei piccoli

Ambroso e Stefancich
Parole
10 percorsi nel lessico italiano esercizi guidati

Avitabile
Italian for the English-speaking

Balboni
GrammaGiochi
per giocare con la grammatica

Barki e Diadori
Pro e contro
conversare e argomentare in italiano
• **1** livello intermedio
  libro dello studente
• **2** livello intermedio-avanzato
  libro dello studente
• guida per l'insegnante

Barreca, Cogliandro e Murgia
Palestra italiana
esercizi di grammatica
livello elementare/pre-intermedio

Battaglia
Grammatica italiana
per stranieri

Battaglia
Gramática italiana para
estudiantes de habla española

Battaglia
Leggiamo e conversiamo
letture italiane con esercizi
per la conversazione

Battaglia e Varsi
Parole e immagini
corso elementare di lingua italiana per principianti

Bettoni e Vicentini
Passeggiate italiane
lezioni di italiano - livello avanzato

Blok-Boas, Materassi e Vedder
Letture in corso
corso di lettura di italiano
• **1** livello elementare e intermedio
• **2** livello avanzato e accademico

Buttaroni
Letteratura al naturale
autori italiani contemporanei
con attività di analisi linguistica

Camalich e Temperini
Un mare di parole
letture ed esercizi di lessico italiano

Carresi, Chiarenza e Frollano
L'italiano all'Opera
attività linguistiche attraverso
15 arie famose

Chiappini e De Filippo
Un giorno in Italia 1
corso di italiano per stranieri
principianti · elementare · intermedio
• libro dello studente con esercizi + cd audio
• guida per l'insegnante + test di verifica
• glossario in 4 lingue + chiavi degli esercizi

Cini
Strategie di scrittura
quaderno di scrittura
livello intermedio

Deon, Francini e Talamo
Amor di Roma
Roma nella letteratura italiana
del Novecento
testi con attività di comprensione
livello intermedio-avanzato

Diadori
Senza parole
100 gesti degli italiani

du Bessé
PerCORSO GUIDAto
guida di **Roma**
con attività ed esercizi

du Bessé
PerCORSO GUIDAto
guida di **Firenze**
con attività ed esercizi

du Bessé
PerCORSO GUIDAto
guida di **Venezia**
con attività ed esercizi

Gruppo CSC
Buon appetito!
tra lingua italiana e cucina regionale

Gruppo META
Uno
corso comunicativo di italiano - primo livello
• libro dello studente
• libro degli esercizi e grammatica
• guida per l'insegnante
• 2 audiocassette / libro studente
• 1 audiocassetta / libro esercizi

Gruppo META
Due
corso comunicativo di italiano - secondo livello
• libro dello studente
• libro degli esercizi e grammatica
• guida per l'insegnante
• 3 audiocassette / libro studente
• 1 audiocassetta / libro esercizi

Gruppo NAVILE
Dire, fare, capire
l'italiano come seconda lingua
• libro dello studente
• guida per l'insegnante
• 1 cd audio

Humphris, Luzi Catizone, Urbani
Comunicare meglio
corso di italiano
livello intermedio-avanzato
• manuale per l'allievo
• manuale per l'insegnante
• 4 audiocassette

Istruzioni per l'uso
dell'italiano in classe 1
88 suggerimenti didattici
per attività comunicative

Istruzioni per l'uso
dell'italiano in classe 2
111 suggerimenti didattici
per attività comunicative

Istruzioni per l'uso
dell'italiano in classe 3
22 giochi da tavolo

Jones e Marmini
Comunicando s'impara
esperienze comunicative
• libro dello studente
• libro dell'insegnante

Maffei e Spagnesi
Ascoltami!
22 situazioni comunicative
• manuale di lavoro
• 2 audiocassette

Marmini e Vicentini
Passeggiate italiane
lezioni di italiano - livello intermedio

Marmini e Vicentini
Ascoltare dal vivo
manuale di ascolto
livello intermedio
• quaderno dello studente
• libro dell'insegnante
• 3 audiocassette

Paganini
issimo
quaderno di scrittura
livello avanzato

Pontesilli
Verbi italiani
modelli di coniugazione

Quaderno IT - n. 4
esame per la certificazione
dell'italiano come L2
livello avanzato
prove del 2000 e del 2001
• volume + audiocassetta

Quaderno IT - n. 5
esame per la certificazione
dell'italiano come L2
livello avanzato
prove del 2002 e del 2003
• volume + cd audio

Radicchi
Corso di lingua italiana
livello intermedio

Radicchi
In Italia
modi di dire ed espressioni
idiomatiche

Stefancich
Cose d'Italia
tra lingua e cultura

Stefancich
Tracce di animali
nella lingua italiana tra lingua
e cultura

Svolacchia e Kaunzner
Suoni, accento e intonazione
corso di ascolto e pronuncia
• manuale
• set 5 CD audio

Tettamanti e Talini
Foto parlanti
immagini, lingua e cultura

Totaro e Zanardi
Quintetto italiano
approccio tematico multimediale
livello avanzato
• libro dello studente con esercizi
• libro per l'insegnante
• 2 audiocassette
• 1 videocassetta

Urbani
Senta, scusi...
programma di comprensione
auditiva con spunti di produzione libera orale
• manuale di lavoro
• 1 audiocassetta

Urbani
Le forme del verbo italiano

Verri Menzel
La bottega dell'italiano
antologia di scrittori italiani del Novecento

Vicentini e Zanardi
Tanto per parlare
materiale per la conversazione
livello medio-avanzato
• libro dello studente
• libro dell'insegnante

Linguaggi settoriali

Ballarin e Begotti
Destinazione Italia
l'italiano per operatori turistici
• manuale di lavoro
• 1 audiocassetta

Cherubini
L'italiano per gli affari
corso comunicativo di lingua e cultura aziendale
• manuale di lavoro
• 1 audiocassetta

Spagnesi
Dizionario dell'economia e della finanza

Dica 33
il linguaggio della medicina
• libro dello studente
• guida per l'insegnante
• 1 audiocassetta

L'arte del costruire
• libro dello studente
• guida per l'insegnante

Una lingua in pretura
il linguaggio del diritto
• libro dello studente
• guida per l'insegnante
• 1 audiocassetta

Classici italiani per stranieri

testi con parafrasi a fronte* e note

1. Leopardi • *Poesie**
2. Boccaccio • *Cinque novelle**
3. Machiavelli • *Il principe**
4. Foscolo • *Sepolcri e sonetti**
5. Pirandello • *Così è (se vi pare)*
6. D'Annunzio • *Poesie**
7. D'Annunzio • *Novelle*
8. Verga • *Novelle*
9. Pascoli • *Poesie**
10. Manzoni • *Inni, odi e cori**
11. Petrarca • *Poesie**
12. Dante • *Inferno**
13. Dante • *Purgatorio**
14. Dante • *Paradiso**
15. Goldoni • *La locandiera*
16. Svevo • *Una burla riuscita*

Libretti d'Opera per stranieri

testi con parafrasi a fronte* e note

1. *La Traviata**
2. *Cavalleria rusticana**
3. *Rigoletto**
4. *La Bohème**
5. *Il barbiere di Siviglia**
6. *Tosca**
7. *Le nozze di Figaro*
8. *Don Giovanni*
9. *Così fan tutte*
10. *Otello**

Letture italiane per stranieri

1. Marretta
Pronto, commissario...? 1
16 racconti gialli con soluzione ed esercizi per la comprensione del testo

2. Marretta
Pronto, commissario...? 2
16 racconti gialli con soluzione ed esercizi per la comprensione del testo

3. Marretta
Elementare, commissario!
8 racconti gialli con soluzione ed esercizi per la comprensione del testo

Mosaico italiano

1. Santoni
La straniera (liv. 2/4)

2. Nabboli
Una spiaggia rischiosa (liv. 1/4)

3. Nencini
Giallo a Cortina (liv. 2/4)

4. Nencini
Il mistero del quadro... (liv. 3/4)

5. Santoni
Primavera a Roma (liv. 1/4)

6. Castellazzo
Premio letterario (liv. 4/4)

7. Andres
Due estati a Siena (liv. 3/4)

8. Nabboli
Due storie (liv. 1/4)

9. Santoni
Ferie pericolose (liv. 3/4)

10. Andres
Margherita e gli altri (liv. 2-3/4)

11. Medaglia
Il mondo di Giulietta (liv. 2/4)

12. Caburlotto
Hacker per caso (liv. 4/4)

Pubblicazioni di glottodidattica

La formazione di base del docente di italiano per stranieri
a cura di Dolci e Celentin

L'italiano nel mondo
a cura di Balboni e Santipolo

Cedils.
Certificazione in didattica dell'italiano a stranieri
a cura di Serragiotto

I libri dell'Arco

1. Balboni • *Didattica dell'italiano a stranieri*

2. Diadori • *L'italiano televisivo*

3. Micheli • *Test d'ingresso di italiano per stranieri*

4. Benucci • *La grammatica nell'insegnamento dell'italiano a stranieri*

5. AA.VV. • *Curricolo d'italiano per stranieri*

6. Coveri, Benucci e Diadori • *Le varietà dell'italiano*

Bonacci editore

www.bonacci.it

Finito di stampare nel mese di luglio 2004
dalla Tibergraph s.r.l. - Città di Castello (PG)